स्पंदन
Inner Voice of Soul

A Book of Hindi Poems

Prafulla Dubey

BookLeaf Publishing

India | USA | UK

Made with ❤ on the BookLeaf Publishing Platform
www.bookleafpub.in
www.bookleafpub.com

Dedication

Dedicated to My Parents

Mrs. Sunita Dubey & Mr. Satyendra Dubey who over fostered me to succeed. Their personlity and working image motivate me to walk along the pathway. The extract of their love, affection and teahing is.....

BE A SILENT WORKER.

Acknowledgement

Writing poem specifically in the given time has been an arduous as well as exciting task.
I would like to thank all those who have groomed me in a way or other.

I also acknowledge with gratitude the inspiration and unconditional support, I received from my seniors. well-wishers,, friends and fellow academicians who have helped me in this journey.

My father (Late Satyendra Dubey) was initially a poet, later he stopped writing poems and the reason is still unknown to me. The seed of writing poetry was sown in me by my father so it is an extension of his thoughts and feelings.

I also recall the loving memory of my mother (Late Sunita Dubey) who had been the constant source of my motivation.

I would like to extend my gratitude to My In laws Papa (Shyamsundar ji) and Mummy (Saroj ji) for their blessings.

Further, I am delighted to compliment and express my a sense of gratitude to my sister Sapna di and My brother in law Bhagirath ji along with my wife's elder sister Shaili di and her husband Pranay ji.

In addition, I would like to acknowledge the support and encouragement, I received from the Principal Dr. J. K. Shrivastava sir and H.O.D. DR. A.C. Shukla sir.

Finally, I most affectionately express a deep sense of appreciation for my wife Varsha Dubey, my sensible son Hrishit Dubey and my intelligent daughter Hrishita Dubey who always stand by me.

Preface

Revered Neeraj ji says,"Being a human being is a matter of luck whereas being a poet is a matter of good fortune".

This book will give words to your thoughts, pain, experiences and emotions.
In this book, I have made a small effort to pen down only what I have seen and heard over the past several years

Life will bring you pain all by itself. Your responsibility is to create joy .
The thing which comes from the heart and goes straight to the heart is called poetry.

The father of Indian Poetry, Tulsidas ji says that if there is any nectar on this earth then it is the essence of poetry.
I have been the admirer of veteran poets since the beginning.

Poems have always been an integral part of my life. Poems use to take me to the another world where feelings beyond words enthralled me.

ईमान कमाने जाता है....

ईमान कमाने जाता है,
बेईमान बैठकर खाता है।

रोता छोड़ जाता है वो अपनी बेगम को अक्सर,
पोछने जब आंसू वह दूसरी के जाता है।

मोहब्बत के मामले भी अजीब है प्रफुल्ल,
बुरा भी बुरा नहीं लगता जब दिल किसी पर आता
है।

नजर आता है सबको सबकुछ यहां,
कोई किसी को बताने थोड़ी जाता है।

यूं तो दिखता नहीं वो कही भी आजकल,
गली में अक्सर उसकी नजर आता है।

हार पर अपनी गमगीन है वो शख्स,
उसे कौन समझाए,
एक जाता है तभी तो दूसरा आता है।

एक मजदूर चाहे जितना भी कमा ले,
जब घर लाता है तो कम पड़ जाता है।

थका हारा शाम को वो कुछ इस तरह आता है
मानो फर्नीचर हो जाता है।

अभी तहजीब बाकी है इस बालक में,
बाप डाट दे तो तम नहीं पड़ता, नम हो जाता है।

जब से लगन लगी सांवरे की,
सुना है कि वो न कहीं आता है न कही जाता है।

झूठ बोलना सीख जाते है बच्चे,
जब शान से झूठ परोसा जाता है।

मत सुना अपना दर्द जमाने को,
अखबार भी अगले दिन बासी हो जाता है।

गर जमीर जिंदा है तो गुजारा कर लेते है लोग
मुट्ठी भर पैसों से,
एक तू है जिसे माले असबाब कम पड़ जाता है।

बात करता है वो अतरंगी सी,
समझ कुछ नहीं आती पर समझ आता है।

दीवान, रदीफ, काफिया, मक्ता, मिसला खूब
समझते हो,
ये बताओ क्या तुम्हे गजल कहना आता है।

सांसों को ही नहीं रूह तक को महका जाता है,
वो मौसम जो पहली बारिश लाता है।

लाख गुण हो तुझमें दुनिया का ऐसा ही दस्तूर है,
कम इज्जत मिलती है उसे जो कमाकर कम
लाता है।

मिल के पत्थर....

मिल के पत्थर तो मंजिल से केवल दूरियां बताते
है,
किसी के पांव के छाले उसकी मजबूरिया
दुश्वारियां बताते है।

हो जाते है खाक चाहे वो सुल्तान हो या शहंशाह,
जो सताके दूसरों को अपनी दौलत बनाते है।

नहीं मिलती कोई तस्वीर तेरे चेहरे से,
यूं तो हम ख्वाब में सैकड़ों बनाते है।

छोड़ जाते है बच्चों के लिए कुछ लोग जायदाद,
कुछ संस्कारों से रास्ते नए बनाते हैं।

टूट जाते है अक्सर ख्वाब उनके जो केवल ख्वाब
देखते है।
हकीकत में उनके बदलते है जो इसे हकीकत
बनाते है।

बुरा लगता है जब अपनेपन से किसी के घर
जाओ,
और अपने वाले ही मुंह बनाते है।

लगते नहीं अच्छे बारिश के दिन अब
अब कहा बारिश में बच्चे कागज की नाव बनाते
है।

रिश्ता करने से पहले देखा जाता था लड़के का
चाल चलन,
अब देखकर दौलत लोग रिश्ता बनाते है।

यूं तो रहता हूं अक्सर खामोश मै,
खून नसों में उबलने लगता है जब मेरे देश को वो
कमजोर बताते हैं।

नहीं आते उम्दा शेर तो बड़े दिनों तक नहीं आते,
यूं तो हम पल दो पल में गजल बनाते है।

न जाने क्या तासीर है दौलत की प्रफुल्ल
लोग अच्छे को बुरा, बुरे को अच्छा बताते है।

टूटते है बिखरते है, गिरते है उठते है,
गोद में तूफानों की पलते है।
ऐसे लोग ही इतिहास बनाते है।

पढता हुआ बेटा....

पढता हुआ बेटा जब नजर आता है,
पिता का सीना गर्व से भर जाता है।

देखता है वो सपने पूरे होते हुए,
अरमानों का महल फिर से सज जाता है।

नहीं करता परवाह जमाने की,
अर्जुन सा लक्ष्य नजर आता है।

बिक जाता है परिवार की खातिर,
यही वो करता है, यही उसे आता है।

मुसीबत को मुसीबत नहीं समझता है,
जब संकट परिवार पर आता है।

बोलता नहीं मुंह से कुछ भी,
चुपचाप खुद को खपाता है।

नहीं लेता कपड़े नए,
बाद में लेंगे कहकर टाल जाता है।

करता है मोहब्बत अपने बच्चों से टूटकर,
जब नहीं कर पाता तो टूट जाता है।

डाट कर सुलाता है, मारकर पढाता।
बाप, बाप है, ये समझाता है।

नहीं करता जाहिर अपने जज्बातों को,
महादेव की तरह हलाहल पी जाता है।

देता अपना कंधा चढ़ने को,
पिता सा कोई कहा हो पाता है।

याद बहुत आता जीवन भर,
जब पिता कही खो जाता है।

अनगिनत कविता लिखी गई मां पर, पिता कही
छूट जाता है,
पिता कठोर अनुशासन है, अनुशासन किसे पसंद
आता है।

करो कदर पिता की उसके अंश हो तुम,
जैसा भी है वो अपना भाग्यविधाता है।

इस भरे शहर....

इस भरे शहर में कोई ऐसा न मिला,
जहां भरोसा किया वहां भरोसा न मिला।

मिले तो बहुत हमे अहले सफर में,
कोई तुझ सा हमसफर न मिला।

जबसे कत्ल हुआ वफादारी का शहर में,
खुद्दार तो बहुत मिले वफादार न मिला।

छोड़ी है जिस दिन से बस्ती हमने प्रफुल्ल,
मकान तो मिले पर घर न मिला।

ऐतबार इस कदर किया उसने जमाने पर,
अब किसी पे ऐतबार न रहा।

नहीं करते थे कदर जो वक्त की प्रफुल्ल,
फिर उन्हें संभलने का भी वक्त नहीं मिला।

रोती रही वो उम्र भर अपनी बेवफाई पर,
उसके आंसू को फिर कोई कांधा न मिला।

करते रहे वफ़ा उम्र भर सबके साथ,
न वफ़ा मिली न सिला मिला।

फूल भेजे थे मैंने, उसने गालियां दी,
क्या सोच थी मेरी बदले में क्या मिला।

बसाइए मुझे दिल में....

बसाइए मुझे दिल में धडकनों की तरह
फिर कीजिए किराया वसूल महाजन की तरह।

रख दीजिए बोझ मन का उतारकर,
सफर कीजिए फिर हमसफर की तरह।

याद आए जो दिन पुराने तो समझाइए खुद को,
कीजिए इलाज चारागर की तरह।
दिन गुजारे मुफलिसी में तूने ऐ प्रफुल्ल,
 जहां भी रहा, रहा दिलदारो की तरह।

सुकून की मछली फंस न पाई,
जीवन भर जाल फेंकते रहे मछुवारे की तरह।

बदनाम होने नहीं दिया तुझे शहर में,
छुपाया हर राज को राजदारों की तरह।

झूठी शान कायम रखी,लुट गए खुद,
जिंदगी हमने जी है जागीरदारों की तरह।

उठाई कलम तो लिखा वतन पर,
कलम भी चलाई तो कलमकारों की तरह।

खयाल न रख पाई कभी जज्बातों का मेरे,
दिल में तो रही मगर किरायेदारों की तरह।

दर्दे ग़म में जो हम घिर गए....

दर्दे ग़म में जो हम घिर गए,
अपनो की नजरों से उतर गए।
उठी जो तेरी प्यार भरी नजरे,
हम संवर गए।

कारखानों में भटके बच्चे,
कौन जाने कब घर गए।

बाते करते थे जो इंकलाब की,
जरा से खून देखा तो डर गए।

रात गुजारी अजनबी की तरह तेरे शहर में,
सुबह होते ही अपने घर गए।

मेल मिलाप जरूरी है ताल्लुकात में,
जहां नहीं रहा रिश्ते मर गए।

मुस्कुरा कर बात करना तेरा, मुझसे न आया
जमाने को रास,
देखता हूं धुआं, कईयों के दिल जल गए।

यकीं था जिनको अपने खुदा होने पर,
न जाने कब आए कब निकल गए।

शोर सुनकर जागा था जमाना,
हमी न जाने क्यों सो गए।

इंसाफ दिलाने आए थे मुझे,
सुनकर सिक्कों की खनक मुकर गए।

कौन सुधरा है सजा से आज तक,
कितनों को सजा हुई, कितने सुधर गए।

शाम ढले उसे घर जाना होता है....

शाम ढले उसे घर जाना होता है,
हर पंछी का एक ठिकाना होता है।

दिल के जस्बात निकाल कर रख देते है,
शेर गजल तो एक बहाना होता है।

बुलंदी पर अकेलापन कहा होता है,
सफल लोगों के साथ जमाना होता है।

तन्हा ही चलता है हर शख्स अपने सफर में,
तन्हा ही उसे पार जाना होता है।

काम करने वाले वक्त के मोहताज नहीं होते,
न करने वालो के पास बहाना होता है।

बड़ा बुरा लगता है तेरे जाने के बाद,
महिनों इस दिल को समझाना होता है।

नहीं छोड़ती दुनिया किसी को भी,
दाग कैसा भी हो खुद मिटाना होता है।

यूं ही नहीं बनते शेर गजल के,
दिल टूटता है, खून जलाना होता है।

याद आता है गांव मेरा....

याद आता है गांव मेरा,
उमंगों से सजा सपनों से भरा!

वो छोटा सा आंगन बड़ा सा मन,
वो सीधे वो सरल वो प्रफुल्लित जन।

न आगे जाने चिंता न पीछे रहने की फिकर,
हर बात में हंसी ठहाको का जिकर।

नेक लोग थे नेक नियत थी, न लाग थी न लपेट
थी।
कर्म प्रधान थे तभी तो गांव में बरकत थी।

शाम को जमती थी मंडली कभी इसके कभी
उसके घर,
कभी गुप्ता, कभी वर्मा, कभी शर्मा तो कभी
कानिटकर।

नहीं था तो असंतोष नहीं था, बदन पर नकली भेष
नहीं था,
संबंधों में धोखे का लेश नहीं था।

नहीं थी लाइट की रोशनी,
थाल तारो से सजा था,
सच कहूं गांव का अपना ही मजा था।

ये कैसा जीवन जीया मैने....

ये कैसा जीवन जीया मैने?

न किसी से प्रेम किया
न खुलकर ठहाके लगाए।

न नास्तिक बना
न मन से शीश झुकाए।

न तो खिलते फूल देखें
न बहती नदी देखी
जब देखी बस दुसरो में कमी देखी।

न उगते सूरज को देखा
न चमकते चांद को निहारा।
न किसी कमजोर को कभी दिया सहारा।

ये कैसा जीवन जिया मैने।

न कभी किसी के घर जाकर खुश हुआ
न कभी किसी के आने पर मुस्कुराया।

न किसी के बच्चे को दुलारा
न गोदी में सुलाया।

न किसी की आंखों में झांका न किसी के दिल को
टटोला,
जब भी बोला तो सच कड़वा ही बोला।

ये कैसा जीवन जिया मैने।

न किसी परिंदे को दाना डाला
न किसी प्यासे को पानी पिलाया।

न किसी अपने को सहारा दिया
 न किसी बेगाने को गले से लगाया

न किसी के जीवन की जरूरत बना
न किसी की जरूरतों में काम आया।

न दुःखो का सामना किया
न सुखों को भोग पाया।
ये कैसा जीवन जिया मैने।

पूजा सदा राम को पर रहम न किया
भजा सदा कृष्ण को पर करम न किया।

न किसी की प्रशंसा की
न किसी का मान रखा।

भूल गया सच की ताकत
सदा अपना अभिमान रखा।

ये कैसा जीवन जिया मैने।

अपनी बात का कुछ यूं असर देखा हमने महफिल में,

अपनी बात का कुछ यूं असर देखा हमने महफिल
में,
तन्हा खड़े लोग मुस्कुराने लगें।

जब गुनाहों का जिक्र आया तो
वो मुझसे ज्यादा खुद को समझाने लगें।

बड़ी शिद्दत से निकली थी बाते पुरानी
लोग फिर पुराने याद आने लगे।

जिन्हें समझते थे हम हाजी,
वो मयखाने में टकराने लगे।

हर्फ आखिर था जिनके लिए मेरा हर लफ्ज़,
वो दूसरों के सुर में सुर मिलाने लगे।

बदबख्ती देखो मेरे किरदार की,
महफिलों में जो मुझसे मिला करते थे,अब मुझे
दूसरों से मिलाने लगें।

जरा मुफलिसी की धूप क्या पड़ी,
चेहरे जितने भी धुंधले थे, साफ नजर आने लगे।

जिस शेर पर तुम वाह कहकर चुप हो गए,
उसे बनाने में जमाने लगें।

कारवां मंजिल तक जाने को था,
लोग रास्ते इधर उधर के बताने लगे।

खुद को ऐसे न जाया कर....

खुद को ऐसे न जाया कर,
जहां बहस हो वहां से किनारा कर।

दुःख को न सहेज कर रख सीने में,
दिल भर जाए तो आंसू बहाया कर।

चांद नहीं मिलेगा रोशनी के लिए,
जुगनूओ से काम चलाया कर।

मिजाज नहीं मिलता सबसे तेरा प्रफुल्ल,
मिजाज न मिले न सही, हाथ तो मिलाया कर।

कौन देखता है रूह की पाकीगजी यहां,
कभी चेहरा भी चमकाया कर।

सुनने वाले नहीं मिलेंगे इस दौर में प्रफुल्ल,
कभी खुद को भी सुनाया कर।

नहीं मिलती इल्म की दौलत आसानी से,
सीखकर सिखाया कर।

कदम चूमेगी हर कामयाबी प्रफुल्ल
पांव बुजुर्गों के दबाया कर।

खामोश मिजाजी जीने नहीं देगी इस अहले
बाजार में,
बिना कारण ही शोर मचाया कर।

नहीं पसंद आते मायूस चेहरे किसी को,
बातों बातों में मुस्कुराया कर।

रख लगाम जुंबा पर अपनी,
हर बात पर न तीर चलाया कर।

यही खूबसूरती है रिश्तों की,
कभी मान जा कभी मनाया कर।

बंद रखते है जुंबा लब नहीं खोला करते,

बंद रखते है जुंबा लब नहीं खोला करते,
बड़ों के सामने चुप रहते है बच्चे नहीं बोला करते।

हर इंसा में छुपी होती है खूबियां,
अच्छे लोग दूसरों में खामियां नहीं टटोला करते।

जिनको पढ़ना हो वो हर हाल में पढ़ जाते है,
पढ़ने वाले हालात का झमेला नहीं करते।

करके दिखाते हैं साबित खुद को हर हाल में,
विजेता वह है जो अपने हुनर को मटमेला नहीं
करते।

औरत विधवा होकर भी पाल लेती है चार बच्चे,
आदमी दो भी नहीं पाला करते ।

जीते जी का है ये प्रेम सारा,
दुनिया में कोई मरने वालों के साथ नही मरा
करते।

यूं तो पिछले कई बरस से इस शहर में मेरे भी कई
अजीज है,
बस वो मेरे घर नहीं आया करते हम उनके घर
नहीं जाया करते ।

हज़ार बार सोचकर तोड़ना दोस्ती प्रफुल्ल
इस उमर में नए दोस्त बनाया नहीं करते।

मिला टिकट जो चुनाव का....

मिला टिकट जो चुनाव का,
नेताजी अपने कद से ऊपर बढ़ने लगे।

मान गए किसी बात पे,
किसी बात पे अड़ने लगे।

झुकते न थे कभी भी जो किसी के सामने,
पांव ऐरो गेरो के पड़ने लगे।

चला करते थे जो अकेले शहर में,
सैकड़ों के साथ अब चलने लगे।

गुस्सा नाक पर रहता था जिनकी,
अब देखो मोम से पिघलने लगे।

बाह क्या झाड़ी उसने कमीज की,
आस्तीन के सांप निकलने लगे।

अनाथ समझती थी दुनिया जिसे,
सफलता क्या मिली रिश्ते नए पनपने लगे।

कारखाना खुला एक शहर में,
पेट सैकड़ों के पलने लगे।

जरा सा पैसा क्या मिला,
पर उसके निकलने लगे।

हुआ असर मोहब्बत का दिल पे इस कदर,
वो छत पे आई, हम चांद समझने लगे।

इश्क न हुआ कमाल हुआ,
शोलो में फूल खिलने लगें।

जरा कमजोर क्या हुआ वह दौरे बाजार में,
उसके अपने ही चाल चलने लगें।

चमका करते थे जो सूरज बनकर,
रोशनी के लिए जुगनू से आस करने लगें।

नहीं रोते पिता अक्सर, बेटी की विदाई जो हुई,
आंखों से आंसू निकलने लगें।

जो बोई थी वो नेकी काम आ गई प्रफुल्ल,
चराग मेरे आंधियों में जलने लगें।

उम्मीद उधड़ जाए तो चले आइयेगा...

उम्मीद उधड़ जाए तो चले आइयेगा
हम हौसलों के दर्जी हैं, मुफ्त में रफू करते हैं।

सहारे नसीब के नहीं बैठते मेहनतकश लोग,
 तकदीर से जो लड़ते है, वो ही तकदीर बदलते है।

नहीं मिलती सबको जमाने में आराम की जिंदगी,
कई बच्चे काटो पे पलते है।

राह नहीं मांगता आसान मै, तुझसे ऐ खुदा,
सुना है मैने चराग़ आंधियों में जलते है।

मुसीबतें जो आए जीवन में तो घबराना नहीं,
दिन सुख-दुःख के जीवन भर चलते है।

सफल लोगो कि अपनी परेशानी होती है,
कामयाब लोग अपने वालो को खलते है।

खुद से ज्यादा न कर भरोसा किसी पर प्रफुल्ल,
लोग यहां मौसम की तरह बदलते हैं।

गद्दी मिलती विरासत में.......

गद्दी मिलती विरासत में,
बुद्धि कर्म से पाता है।

वोट पाने को नेता,
सेकुलर राग गाता है।

गद्दारी खून में कुछ लोगों के,
 जयचंद अक्सर यहां नाम बदलकर आता है।

मातृभूमि से बढ़कर जब निजीहित हो जाता है,
 देश तभी गुलामी की जंजीरों में जकड़ा जाता है।

दुश्मन की जरूरत नहीं इस कौम को,
साथ वाला ही दुश्मनी निभाता है।

न जाने क्या तासीर है यहां के पानी में,
जिसको सहारा दो वही एहसान भूल जाता है।

गद्दारी करने का ये इनाम पाता है,
 गद्दी नहीं मिलती गला भी कट जाता है।

घर वालों को छोड़कर जो दूसरों को अपनाता है,
न रहता घर का न घाट का बन पाता है।

सबक है सबके लिए याद रखो तुम,
बटोगे तो कटोगे, इतिहास यही सिखाता है।

धर्मयुद्ध है ये यहां मौन नही रहा जाता,
धर्म पर आंच हो तो गैर जिम्मेदार भी जिम्मेदारी निभाता है।

दुनिया के हर एक अंधेरे से लड़ गए,......

दुनिया के हर एक अंधेरे से लड़ गए,
कुछ लोग आए और वक्त के सांचे बदल गए।

समेट लेते थे जो आकाश को अपनी मुट्ठी में,
वो सोच के दायरे में ढल गए।

राज करने का इरादा लेकर आए थे जो इस
सरजमी पर,
खाक भी ढूंढे न मिली, दुनिया से निकल गए।

जिनके चरित्र की मिसाल बेमिसाल थी,
सिक्कों की खनक सुनी तो मचल गए।

भरी महफिल में उनका पास आना हमारे,
कईयों को अखर गया और कई जल गए।

हाथ जला कर भी न छोड़ा नेकी का साथ प्रफुल्ल,
इस राह पे हम कितनी दूर निकल गए।

हम तो खड़े रहे राहें वफ़ा में तेरे लिए,

खुदा जाने कैसे अपने रास्ते बदल गए।

इसे अपनी किस्मत मानूं या मेहरबानी आपकी,
अकेले थे सफर में, हमसफर बनके आप मिल
गए।

जो दुनिया की कई चुनौती से लड़े होते है.....

जो दुनिया की कई चुनौती से लड़े होते है,
हारकर भी वे हौसलों से खड़े होते है।

सदा दे देते हैं अपना हिस्सा भी मुस्कुराकर,
 जो घर में बड़े होते है।

बड़ा कठिन होता है सच की राह पर चलना,
गैरो की क्या कहे, वे अपनो से लड़े होते है।

ऐसे ही नहीं मिलती कामयाबी,
यहां तक आने के लिए सीढ़ी दर सीढ़ी चढ़े होते है।

कभी उनसे ताल्लुक मत तोड़ना प्रफुल्ल,
जो मुसीबत में साथ खड़े होते है।

उसकी हंसी से उसका मिजाज मत आंकना,
मशहूर मसखरे आंख से कंठ तक भरे होते है।

ये अजीब करिश्मा है तेरा या रब,
सुख के दिन छोटे, दुःख के बड़े होते है।

कौन लिखता है तकदीर इन बच्चों की,
कुछ पालने में पलते है, कुछ फुटपाथ पर पड़े होते
है।

उसे जहां में कोई अब सच्चा नहीं लगता....

उसे जहां में कोई अब सच्चा नहीं लगता,
बस यही बात सुनकर मुझे अच्छा नहीं लगता।

जान छिड़कते थे जो भाई आपस में,
हथियार उठा ले एक दूसरे पर अच्छा नहीं लगता।

समझौता कर लेते है अक्सर लोग जिंदगी से,
ऐसा समझौते का जीवन अच्छा नहीं लगता।

इस दौर में पैसा तल्ख हक़ीक़त है मगर,
पैसो की खातिर बिकता जमीर अच्छा नहीं
लगता।

सर झुकाने से एजाज तो मिल जाती है मगर,
झुके हुए सरो पे ताज अच्छा नहीं लगता।

बोलना उसका अक्सर ज्यादा ही होता है,
चुप रहे वो तो भी अच्छा नहीं लगता।

बेटी का चहकना रोशन रखता है सारे घर को,
समय पर रुखसत न हो तो अच्छा नहीं लगता।

अक्सर भले के लिए समझाते है माता-पिता,
अब बच्चों को उनका समझाना अच्छा नहीं
लगता।

काम पर जाते है तमाम लोग उम्र भर कमाने को,
बेटा जवान हो जाए तो बाप का कमाना अच्छा
नहीं लगता।

वफादारी की उम्मीद रहती है मुझे हर शख्स से,
बेवफाई से पेश आना मुझे अच्छा नहीं लगता।

जहां तक हो संभव मदद करो सभी की प्रफुल्ल,
मायूस लौटना किसी का अच्छा नहीं लगता।

समझदार अपनी अलग राह बनाते है....

समझदार अपनी अलग राह बनाते है,
नकारो में खूबी है वो वक्त पर काम आते है।

आज कितने है जो देश को अपना समझते है,
कितने है जो देश के काम आते है।

जरा सा वजीफा मिलते है छोड़ जाते है मादरे वतन,
घर के दिए है पर रोशनी बाहर फैलाते है।

सोच कर रखना उनसे ताल्लुक प्रफुल्ल,
हालात के बदलने से जो बदल जाते है।

शिकवा क्यों करूं तुझसे न आने का,
तू नहीं आती तेरे खयाल बराबर आते है।

रखते है जो जस्बा इंसानियत का दिल में,
ऐसे ही लोग दिल में उतर जाते है।

कहने में बात अपनी नरमी रखना प्रफुल्ल,
अल्फ़ाज़ याद नहीं रहते, लहजे याद रह जाते है।

कैसा चलन है जमाने तेरा,
सच्चा खड़ा तन्हा, झूठे को गले लगाते है।

दुश्मन भी गर करे तो मंजूर है हमे,
मोहब्बत की दौलत को बदनसीब ही ठुकराते है।

न पैसे से कुछ हुआ न कुछ दवा काम आई....

न पैसे से कुछ हुआ न कुछ दवा काम आई,
मां ने दुआ की तब बदन में जान आई।

छोड़ दिया साथ जब जमाने ने मझधार में,
जीवन में की हुई नेकी काम आई।

करती रही मां सारी उमर इंतजार बेटों का,
न बेटे आए न उनकी खबर आई।

ताज ठुकरा दिए मोहब्बत की खातिर,
बात जब चली इश्क की तब बात हमारी आई।

करता रहा मशक्कत दिन रात पैसों के लिए,
मिली जो दुआ बुजुर्गों की तब काम में बरकत
आई।

बिना लिए-दिए नहीं मिलते एजाज यहां प्रफुल्ल,
बड़ी देर में बात ये समझ आई।

उठा जो साया मां बाप का सर से,
कश्ति मेरी सैलाब में नजर आई।

नहीं मिलते बड़े लोग हर समय, हर किसी से प्रफुल्ल,
बंद दरवाजो ने बात ये बतलाई।

छोटा हूं ऊंची पहचान नहीं रखत....

छोटा हूं ऊंची पहचान नहीं रखता,
बड़ा होने का गुमान नहीं रखता।

मिलता हूं मन से सबसे
दूरियां दिलो के दरमियान नहीं रखता।

हार जाता हूं बहस में दोस्तो से,
जानकर भी तर्क दमदार नहीं रखता।

सुनता हूं सदा दिल की आवाज को,
दिमाग को सलाहकार नहीं रखता।

कमा लेता हूं ठीकठाक
दिल में गैर जरूरी अरमान नहीं रखता।

जिंदगी सफर ही तो है,
इसमें गैर जरूरी सामान नहीं रखता।

लौटाता हूं अगर लेता हूं किसी से कुछ,
सर पर किसी का अहसान नहीं रखता।

दखल देता है दूसरों के काम में खामखां,
फ़ितरती आदमी अपने काम से काम नहीं रखता।

नहीं मिलती उसे इज्जत कही भी प्रफुल्ल,
जो अपने बड़ों का मान नहीं रखता।

नहीं बनती ऐसे लोगों से अपनी प्रफुल्ल,
जो दिलो में प्रेम और लबों पे मुस्कान नहीं रखता।

जहीन नहीं समझती सोसाइटी उसे,
जो जेब में अपनी रुमाल नहीं रखता।

मगन हो जाता है वो काम में इस कदर,
परिवार का और समय का ध्यान नहीं रखता।

जब पैसा होगा हाथ में...

जब पैसा होगा हाथ में,
दुनिया चलेगी साथ में।

रखना जस्बात अपने काबू में,
भावुक क्या हो जाना बात बात में।

हर आदमी में छुपे है दस बीस आदमी,
नतीजे पर मत आ जाना पहली मुलाकात में।

गर हिन्दू हो तो मानो सबको अपना,
बटना क्या जात पात में!

दिन भर बहलाता हूं दिल को जैसे तैसे,
नहीं बहलता है ये मगर रात मे।

भरोसा उतना ही करना बच्चों पर प्रफुल्ल,
सौंप मत देना सारी दौलत उनके हाथ में।

नए बच्चे क्या जाने खाने का स्वाद,
वो मजा पिज्जा में कहा
जो हुआ करता था दाल भात में।

वो कभी हराम की....

वो कभी हराम की घर नहीं लाता,
वो मजदूर है उसे ये कमाल नहीं आता।

मिलना तो चाहता है वो सबसे मगर,
बिन बुलाए किसी के घर नहीं जाता।

सुनता रहता है वो घर वालों के ताने,
वो भाई जितना कमा नहीं पाता।

अक्सर पकड़ा जाता है वो रंगे हाथ,
बेचारे को सलीके से झूठ बोलते नहीं आता।

लकीरों का लिखा....

लकीरों का लिखा बदल सकता है,
मुकद्दर तेरे मुताबिक ढल सकता है।

दुसरो की इशारों पर चलने वाले,
तू चाहे तो अपने दम पर पल सकता है।

खुदा ने ये नेमत हर इंसान को बक्शी है,
हजार ठोकर लगने पर भी वह सम्भल सकता है।

बुजुर्गों की दुआओं के असर से,
सर पर आया हुआ संकट टल सकता है।

दुसरो के घर में आग लगाने वाले,
उस आग से तेरा घर भी जल सकता है।

पढ़ा लिखा आदमी....

पढ़ा लिखा युवा काम ढूंढता है,
जैसे जमी का एक सितारा आसमान ढूंढता है।

आजमा चुकी उसे ये दुनिया बहुत,
अपने लिए वो कोई मकाम ढूंढता है।

भागता फिरता था जो मधुशाला से दूर,
आज अपने लिए वो जाम ढूंढता है।

नहीं मिलता चैन दिल को दिल लगाने के बाद,
अब दिल के लिए वो सुकून आराम ढूंढता है।

अजीब लोग है तेरी दुनिया में या रब,
सेहत गवा दी दौलत कमाने में, अब लगा के दौलत
सेहत ढूंढता है।

मुस्कुराता रहता है बिन बात के वो प्रफुल्ल,
पूछने पर बहाने तमाम ढूंढता है।

मिट जाता है भेद नाम का प्रेम में अक्सर,
वो राधा में श्याम, श्याम में राधा को ढूंढता है।

मेरे घर वालों से....

मेरे घर वालों से मेरे अंदाज नहीं मिलते,
खून तो मिलता है खयालात नहीं मिलते।

दूसरों के जस्बातो से खेलते फिरते है लोग,
ऐसे लोगों के जीवन में फूल नहीं खिलते।

मुकर जाते है वो सच बोलने से अक्सर,
झूठे कभी सच की राह नहीं चलते।

सोच समझ कर देते है जुबां अपनी,
सयाने लोग खुशी में वादा नहीं करते।

भूलकर भी कुछ....

भूलकर भी कुछ चेहरे याद रहते है,
खिलाड़ी को सभी मोहरे याद रहते हैं।

दुनिया की नजर दौलत पर लगी रहती है,
गरीब आदमी को बस खर्चे याद रहते है।

घिरे रहते है हम यादों में तेरी,
तेरी हर अदा हर नखरे याद रहते है।

भूल जाते है अक्सर लोग लेकर पैसा,
शरीफ आदमी को देने वाले पैसे याद रहते है।

बाते याद नहीं रहती मुझे प्रफुल्ल,
बस लोगों के लहजे याद रहते है।

लघुता मे रहने वाले...

लघुता मे रहने वाले,
कटुता से कहने वाले।
जीवन को जाने बिना,
जीवन को जीने वाले।

मुख से कुछ कहते नहीं
नैनो से कह देते है,
जीवन भर जीवन के दर्द को पीने वाले।

गुरु को पूजा सदा गोविंद
 से पहले यहां,
यही मिलेंगे शिष्य
सदा अश्रु से पग धोने वाले।

नहीं रहता मान अभिमानी
 का धरा पर सदा,
यही बताते कथा कहने वाले।

संबंधों का आधार यहां
 सदा स्वार्थ ही होता है,
हृदय तोड़कर रख देते है,
हृदय में रहने वाले।

 विश्वासघात की पहली पायदान विश्वास ही कहलाती
है,

थोक में मिलते यहां
विश्वासघात करने वाले।

अंगप्रदर्शन के दौर में
चरित्र ढूंढता है प्रफुल्ल,
नहीं मिलेंगे पद्मिनी के लिए कटने वाले मरने वाले।

काल रचता खेल सदा से
 हम तुम केवल कठपुतली,
समर हुआ था वस्त्र हरण पर,
अब समाज पर हावी है
इज्जत हरने वाले।

सत्यं शिवम सुंदरम जन के
 मानस में बैठा था,
सत्य को शिव को भूले है
देखो ये सुंदर बनने वाले।

धंसे धरा में....

धंसे धरा में लिए भार सभी,
नींव के पत्थर के कारण
ही ये अट्टालिका जिंदा है,
नींव तुझसे आज हम
बड़े शर्मिंदा है।

चाह मान की सभी को खींचे है,
इन्हें पता क्या जड़े इनकी खून से सींचे है।

न्याय रहता मौन सदा
धनिक के दरबारो में,
इन्हें मिला है आश्वासन
बातों में नारों में।

बातों के फेर है व्यापार है धंधे है,
दिखने में उजले मन के लेकिन गंदे है।

वो चुनिंदा लोगों पर....

वो चुनिंदा लोगों पर भरोसा करता है,
अपनी मन की बात कहने से डरता है।

दिखाए होंगे जख्म उसने जमाने को,
जमाना तो मुट्ठी में नमक लिए फिरता है।

इंतज़ार सबब है दर्द का,
ये जानते हुए वो इंतज़ार करता है।

यक़ीन टूटा है इतनी बार ऐ प्रफुल्ल,
हर शक्श शक के निशाने पर रहता है।

मिलता रहता है वो बेवजह ही लोगों से,
मोतियों को धागे में पिरोता है।

छिटक रहे है अपने लोग धीरे धीरे,
न जाने वो किस गुमान में रहता है।

ऊंचाई से दिखाई नहीं देते लोग अक्सर,
बुलंदी पर हर शख्स अकेलेपन को सहता है। वे

काबिलियत दिखने में एक परेशानी है प्रफुल्ल,
काम करने वाला सबकी नजर में रहता है।

शोर से उसकी नहीं बनती प्रफुल्ल,
नया साल पर अक्सर वो घर पर ही रहता है।

शादी की खुशी, बिछड़ने का गम शामिल होता है,
पिता इसी उधेड़बुन में रहता है।

मसखरा भी गमगीन होता है अंदर से,
बहुत रोता है वो जिसे लतीफा याद रहते है।

पैसा भी अजीब शै है प्रफुल्ल,
हर घड़ी ये सर पर सवार रहता है।

इशारों में बात करते है....

इशारों में बात करते है,
मुंह से कुछ नहीं कहते है।
मोहब्बत करने वाले
किसी काम के नहीं रहते है।

खोए रहते है महबूब
की यादों में उलझकर,
फिज़ा में तिनके किं तरह
बहते है।

सुनकर भी अनसुनी
कर देते जमाने की,
वो जो किसी की
धुन में रहते है।

नहीं करते परवाह रीति-रिवाज़ों कि,
जो मकानों में नही दिलो में रहते है।

दीवानगी ऐसी कि बिसरा
दे खुदा को प्रफुल्ल,
हर घड़ी जो महबूब की
यादों में रहते है।

टूट जाते है हौसले....

टूट जाते हौसले अक्सर,
मुफलिसी जब दरवाजे
पर खड़ी रहती है।

हालात से समझौता
मुकद्दर नहीं मजबूरी है,
इंसान को बस जीने
की पड़ी रहती है।

इतिहास पढ़ते नहीं बनाते है
कुछ लोग प्रफुल्ल,
तदबीर से तकदीर जुड़ी रहती है।

कतरा भी मयस्सर नहीं
होता कभी तो ऐ जिंदगी,
कही खुशियों की झड़ी लगी रहती है।

एक साड़ी में काट देती है
जिंदगी कोई औरत,
कहीं बदन दिखाने की
हौड लगी रहती है।

मोहब्बत का जख्म हमेशा
ताज़ा ही रहता है प्रफुल्ल,
यादों की सुई इसमें धंसी रहती है।

बेटे को फुर्सत नहीं कारोबार से,
मां की नज़ारे दरवाजे पर
लगी रहती है।

ठुकरा जाती है वो चाहने वाले को,
बेकदरों के पैरों में पड़ी रहती है।

ये जीवन नहीं तो....

ये मिट्टी की खुशबू,
ये हवा का बहना,
साथ हो उनका तो
फिर क्या कहना।

ये जीवन नहीं तो ओर क्या है?

वो सबसे मिलना
वो मिलकर चलना,
वो गिरना वो उठना
वो गिरकर संभालना।

ये जीवन नहीं तो ओर क्या है?

दोस्तो की बाते,
थोड़ी सी चाय,
वो लंबी सी राते,
वो रास्तों में मिलना,
वो मिलकर बताना
कितनी खास हो
ये हर पल जताना।

ये जीवन नहीं तो ओर क्या है?

लड़ाई-झगड़े कुछ
मामूली कुछ तगड़े,
कभी बात पर अड़ जाना
कभी बात पर नरम पड़ जाना।

ये जीवन नहीं तो ओर क्या है?

वो मुंह का फुलाना
वो यूं तिलमिलाना,
दूसरों को कोसना,
कभी मन मसोसना।

ये जीवन नहीं तो ओर क्या है?

वो लंबी सी डगर
वो छोटा सा सफर,
जमाने की बाते,
खुद के गुनाहों से बेखबर।

ये जीवन नहीं तो ओर क्या है?

फिर क्या है मेरा...

नींद तेरी ख्वाब तेरे,
जागना तेरा सोना तेरा।

फिर क्या है मेरा?

जीत तेरी हार तेरी
मान तेरा अपमान तेरा।

फिर क्या है मेरा?

घर तेरा घरवाले तेरे,
रिश्ते तेरे नाते तेरे।

फिर क्या है मेरा?

सुख तेरा दुःख तेरा,
साहस तेरा भय तेरा।

फिर क्या है मेरा?

वक्त तेरा सत्ता तेरी,
लोग तेरे छाप तेरी।

फिर क्या है मेरा?

कहा मिलते है अब....

कहा मिलते है अब चाहने वाले,
मिले सभी हमे आजमाने वाले।

क्या शिकायत करू गैरो की यहां
अपने ही निकले आग लगाने वाले।

दिल का मिलना तो दूर की बात थी,
ढूंढने पड़े हाथ मिलाने वाले।

कोसते रहे किस्मत को सदा,
हाथ की लकीरों पर चलने वाले।

तपिश रही जीवन में,
आस पास ही रहे जलने वाले।

आंखे दहलीज पर रखी रही,
वापस नहीं आए जाने वाले।

दास्तां तक न मिली जहां में उनकी,
मिट गए दुसरो को मिटाने वाले।

वो आशियाने की तलाश
में था प्रफुल्ल,
मिजाज़ नहीं थे उसके घर
बसाने वाले।

मिलने पर मुझसे....

मिलने पर मुझसे किसी को छोटा न लगे,
कामयाबी की इतनी भी हवा न लगे।

सुनकर तकलीफ दर्द से भर आए आंखे,
आंसू किसी के हो, बस पराये न लगे।

पुकारे मुझे जब दिल से कोई,
पहुंचने में उन तक जमाने न लगे।

ताकत इतनी ही दे जिसे संभाल सकूं,
इतनी भी न हो कि सबको सताने लगे।

जब तक जिंदा रहूं, जियू शान से,
छोटे न मुझे मेरी हद बताने लगे।

थाम लेना हाथ मेरा परवरदिगार,
जब जिंदगी मुझसे हाथ छुड़ाने लगे।

करे जो मदद किसी की तो भूल जाएं प्रफुल्ल,
मदद एक हाथ से हो दूजे को पता न लगे।

तजुर्बा जिंदगी का सिखाने..

तजुर्बा जिंदगी का सिखाने लगे,
अंधेरा होते ही लोग हाथ छुड़ाने लगे।

रहा करते थे जो दिन रात साथ में,
यदा कदा ही नजर आने लगे।

भूलना किसी को बड़ी बात नहीं थी,
तुमको भूलने में जमाने लगे।

चाय तक न पिला सके जो किसी को,
नुक्ते में आगे बढ़कर बुलाने लगे।

लफ्जों की कारोबारी का धंधा ही निराला है प्रफुल्ल,
नकारा लोग मंच पर नजर आने लगे।

दौलत से कामयाबी....

दौलत से कामयाबी का करीबी रिश्ता है,
दौलतमंद ही इस दौर का फरिश्ता है।

बंद दरवाजों पर जाया न कर वक्त को,
देख तेरे लिए दूसरा रास्ता है।

ढूंढे नहीं मिलती वफ़ा इस जहां में,
वफादारी की हालत बहुत खस्ता है।

ईमान जान से ज्यादा कीमती था कभी,
आज बाजार में ईमान बड़ा सस्ता है।

तेरे हर गुनाह पर मालिक की नजर है प्रफुल्ल,
इतना याद रहे फिर तू फरिश्ता है।

जमाना नया लोग नए...

जमाना नया, लोग नए, फिर बातें पुरानी क्यों करें,
किसी और के गुनाह की सजा हम अंजान क्यों भरें?

हर किसी को मिलती है मौत अपनी बारी से,
तो फिर किसी और के लिए जान कुर्बान क्यों करें?

ग़म पतझड़ का नहीं, ग़म है उन फूलों का,
जो बहार के आते ही डाल से बेज़ार क्यों झरें?

सेवा की जो माता-पिता की, तो ईश्वर भी प्रसन्न,
विट्ठल भी उनके लिए द्वार पर तैयार क्यों खड़े?

किसी का हक़ मारा तो चैन कहां मिलेगा प्रफुल्ल,
और चैन की तलाश में मंदिर-मस्जिद की कतारों में
खड़े?

जहां तक नजर जायेगी...

जहां तक नज़र जाएगी, रोशनी होगी,
ये बात किसी रहनुमा ने बताई होगी।

अंधेरों से लड़ने का हौसला जिसने दिया,
शायद उस शख़्स ने लौ जलाई होगी।

जो कांटों पे चलकर भी हंसता रहा,
उसने रहगुज़र खुद बनाई होगी।

हवा चाहे कितनी भी तेज़ आ गई,
दियों ने भी हिम्मत दिखाई होगी।

सितारों को छूने की ख्वाहिश जिसे होगी प्रफुल्ल,
उसने सोच में आग लगाई होगी।

नजरों से गिरा....

नज़र से गिरा, दिल से भी दूर हो गया,
जिसे चाहा था, वो मगरूर हो गया।

कभी आँख का नूर था, रौशनी था,
अब यादों का बस इक नासूर हो गया।

जिसे सजदे में रब से माँगा था हमने,
वही शख़्स सबसे बड़ा ग़ुरूर हो गया।

जो लफ्ज़ों में मेरी मोहब्बत लिए था,
वो बातों से मेरी ही मजबूर हो गया।

नज़र उतारी थी जिसकी फिकर में प्रफुल्ल,
वो नजरों से मेरी ही दूर हो गया।

एक दिन ऐसा आएगा....

एक दिन ऐसा आएगा,
हिसाब सदियों का हो जाएगा।
जो सोया है बेख़बर अब तक,
वो जागेगा, पछताएगा।

वक़्त का मिज़ाज बदलेगा,
यह दौर भी गुज़र जाएगा।
आज जो है सिसकता दर-ब-दर,
कल वो हाकिम कहलाएगा।

जिसे समझा था अपना कभी,
उसे ताक़त भी सौंप आए।
पर कौन जानता था ये,
वही ज़ालिम बन जाएगा।

रात काली सही, कट जाएगी,
सुबह का सूरज मुस्काएगा।
तेरी यादों के उजाले से प्रफुल्ल,
हर अंधेरा सिमट जाएगा।

उसको न तेरी वफ़ा पर....

उनको न तेरी वफ़ा पर यक़ीन आयेगा,
मनाने में उनको इस दुनिया से चला जायेगा।

ख्वाहिशें बेहिसाब है मन की,
तू कहा तक दम लगाएगा।

समेट ले खुद को समय पर,
जितना फैलेगा उतना पछताएगा।

दोस्त अब नाम के होते है प्रफुल्ल,
जिधर नफा दिखा उधर का हो जाएगा।

मोहरे है वक्त के हम तुम,
वो जैसा चाहेगा हमें नचाएंगे।

मौत का पैग़ाम

मौत से आज तक कोई बचा नहीं,
सामान बरस का पल की ख़बर नहीं।

साँसों की डोरी कच्ची बहुत है,
कब टूट जाए, कोई असर नहीं।

कल तक जो हँसते थे महफ़िलों में,
आज उनके निशाँ भी उधर नहीं।

धूप-छाँव का खेल है दुनिया,
यहाँ कोई भी रहता मगर नहीं।

हर एक को जाना है उस सफ़र में प्रफुल्ल,
जिस राह का कोई हमसफ़र नहीं।

बदल जाते है...

बदल जाते हैं लोग वक़्त के साथ,
कभी रहते थे पास, अब हैं दूर रात के साथ।

किसी ने किया था वादा कभी न छोड़ेंगे,
मगर बह गए वो भी हालात के साथ।

जो लबों पे थी हँसी, आँखों में था नूर,
खो गई कहीं वो भी ज़ज्बात के साथ।

साया भी न छोड़ता संग धूप में,
पर वो भी चला गया चंद सौग़ात के साथ।

हम भी अब सीख गए हैं जीना अकेले प्रफुल्ल,
छोड़ दिए हैं ख़्वाब, उन बात के साथ।

खामोशी का सफर

रोने वालों ने घर सर पर उठा रखा था मगर,
जीवनभर बोलने वाला खामोश पड़ा सोता रहा।

सुनने वाले तरसते थे जिसकी बातों की लौ,
वो लफ्ज़ों का सौदागर तन्हाइयों में खोता रहा।

रौशनी थी जहाँ उसकी हँसी की चमक से कभी,
वहीं सन्नाटों का बादल हर कोने में रोता रहा।

जिसने सबको हंसाया, खुद ग़म छुपाए रखा,
वही तकिये की सिलवट में आंसू संजोता रहा।

मंज़िलों तक जो लाया था हर किसी की डगर,
ख़ुद सफ़र के मुकाम पर ही भटकता-भटकता रहा।

अब किताबों में, किस्सों में बस नाम बाकी बचा
प्रफुल्ल,
वो जो दुनिया से जीता था, क़िस्मत से हारता रहा।

दिलदार कभी देने का....

दिलदार कभी देने का हिसाब नहीं रखते,
कमजर्फ एहसान किसी का याद नहीं रखते।

गुरबत भी छूत की बीमारी है,
मेरे अपने भी मुझे साथ नहीं रखते।

मेहनत के पसीने से आती है चमक,
इत्र से किरदार नहीं महकते।

उदासी छाई रहती है चेहरे पर प्रफुल्ल,
जेब में जिनके सिक्के नहीं खनकते।

नन्हें बच्चे कमाल करते हैं,

नन्हें बच्चे कमाल करते हैं,
उम्र से आगे सवाल करते हैं।

जो ढल जाएँ वक़्त के सांचे में,
वही दुनिया में कमाल करते हैं।

जो आंख मूंदकर यकीन करते,
अक्सर जीवनभर मलाल करते।

दिलों में बसने वाले चाहे दूर रहें,
फिर भी एक-दूजे का ख़्याल करते।

जो मन से होते हैं रीते-सीते प्रफुल्ल,
वे हर पल बस बवाल करते।

एहसास-ए-कमतरी

गिर के संभलने की आदत नहीं प्रफुल्ल,
आईने में खुद की सूरत नहीं प्रफुल्ल।

हर महफ़िल में हँसके रहते हैं मगर,
दिल के अंदर कोई ताक़त नहीं प्रफुल्ल।

लफ़्ज़ों में शोखी, अदाओं में नूर है,
फिर भी क्यों दिल में राहत नहीं प्रफुल्ल।

साये से डरने लगे हैं अब खुद के,
ज़िंदगी लगती है जिल्लत नहीं प्रफुल्ल।

जो भी मिला, बस चला गया छोड़कर,
क्या यही अपनी क़िस्मत नहीं प्रफुल्ल?

पिता- एक दीपस्तंभ

संघर्षों की धूप में जो छाया बन जाता है,
हर कठिन राह में जो राह दिखाता है।
थककर भी जो मुस्कुराता हर शाम,
वही तो है पिता, हमारे जीवन का धाम।

अपने सपनों को त्याग कर जो,
हमारी खुशियों में रंग भरते हैं।
कभी सख़्त, तो कभी कोमल,
हर रूप में प्रेम ही करते हैं।

न कोई शिकायत, न कोई गिला,
हर दर्द को खुद में छुपा लिया।
मंज़िल की ओर बढ़ते रहें हम,
इसलिए हर कदम पर साथ दिया।

ऐसे महान हैं मेरे पिता,
जिनके चरणों में बसा है धाम।
रहे सदा उनका आशीष मुझ पर,
नमन करता हूँ—श्री सत्येंद्र दुबे नाम।